# Der Weg zum Glück beginnt in Dir!

## Finde die Stärke in Dir und den Sinn deines Lebens

Valerie Fischer

<u>Vorwort</u>

Hallo mein Name ist Valerie Fischer
Gerne möchte ich Dich mit auf meinen Lebensweg
nehmen, um dir zu zeigen, dass wirklich nach
jeglichem Tiefpunkt, auch wieder alles besser wird.
Meine Devise ist: „Nach jeder Scheiße, kommt auch
wieder etwas Gutes".
Woran denkst du jeden Tag?
Ja ich muss arbeiten gehen, ich muss Geld
verdienen, ich muss dies, das und Ananas.


Im Leben wird man durch Sätze wie: du musst
,,irgendeine" Ausbildung machen und ,,richtiges
Geld" verdienen geprägt.
Natürlich musst du etwas tun!
Aber was ist, wenn du das tust, was dich glücklich
macht?
Wenn du das tust, was du von Herzen liebst?
Wie fühlt sich dieser Gedanke an?
Und wenn der Gedanke sich schon grandios
anfühlt, wie ist es dann in der Realität?
Wie wäre es denn, jeden Morgen motiviert
aufzustehen, weil du genau das tust, was dich erfüllt
und dich glücklich macht und du damit noch Geld
verdienst.
Was wäre, wenn du dir dein eigenes Leben selbst
gestalten kannst?

Denkst du, es ist so einfach?
Oft leider nicht, denn wir machen es uns selbst
schwer.
Aber ich zeige dir gerne wie du es schaffen kannst.
Das Leben legt uns oft Steine in den Weg, aber du
entscheidest wie du damit umgehst. Am besten du
stapelst dir die Steine und baust etwas Schönes
damit, um die Aussicht zu genießen oder was auch
immer du möchtest.
Leider verstehen wir das Leben erst im nach hinein,
aber das ist das was uns stärker macht und weiter
bringt. Der Weg ist das Ziel.

Komm mit zur Reise in mein Leben zu mir selbst
und zur Reise zu deinem Selbst.

An einem Montag bin ich aufgestanden und habe mir überlegt, was ich hier eigentlich mache. Und die Tatsache ist, dass das Wort „EIGENTLICH" schon alles in Frage stellt.
Die letzte Nacht hatte ich furchtbar geschlafen, wenn man das so überhaupt nennen kann. Mein Mann ist nun arbeiten, mein Hund ist am Schlafen und da sitz ich nun und stelle mir diese Frage. Kennst du das, wenn du selbst, anderen Menschen so gute Ratschläge geben kannst, es aber selbst nicht zu hundert Prozent umsetzt. Genauso ist es nun, dabei ist es doch so einfach.
Schon als Kind habe ich sehr gerne vor mich hingeträumt. Na wer kennt das denn nicht. Du stellst dir vor, was du machen möchtest, wenn du erwachsen bist. Ich persönlich wollte Holzholerin werden, als ich glaube drei Jahre alt war. Natürlich gibt es diesen Beruf nicht, das wusste ich damals aber noch nicht. Der Hintergrund meines Wunsches war: Wir hatten einen Ofen der mit Holz beheizt wurde um warmes Wasser zu bekommen und natürlich die Heizung warm zu bekommen. Damals war ich allerdings zu klein, um so schwere Sachen zu tragen. Also für mich logische Schlussfolgerung, ich werde einmal Holzholerin :)
Bereits im Kindergarten war ich schon sehr bestimmend.
Ich erklärte meiner Erzieherin, was sie zu tun hatte. Drauf hin wurde natürlich meine Mutter beigerufen,

denn das Verhalten war nicht normal. Daraufhin sind wir zu einer Psychologin.
Na diese verstand nicht wo das Problem sein sollte und meinte, es sei mit mir alles in Ordnung.
Für mich heute als erwachsene Frau, ist es total logisch. Mit drei älteren Geschwistern und ich als die Jüngste. Ich schaute mir das Verhalten der Erwachsenen ab.
Ich hatte irgendwann im Laufe der Zeit, als ich das Buch schrieb, eine tolle und interessante Unterhaltung mit einem Kunden. Er sagte, dass er zum Gespräch in den Kindergarten eingeladen war und war allerdings sehr genervt. Sein Sohn ist nun fünf und stellte nun mal schon sehr viele Fragen. Er wäre einfach viel weiter in seiner Entwicklung als die anderen Kinder. Ich fand das sehr faszinierend. Für die Erzieher sei es allerding sehr anstrengend, dem nicht gerecht zu werden. Zudem hätten sie Personalmangel und könnten dies nicht abdecken. Der Vorschlag ging wohl auch über eine psychologische Behandlung.
Da bekam ich über meine damalige Situation eine ganz andere Sichtweise.
Heut zu Tage sollte das Kind bis mindestens zehn zählen können, um Schulbereit zu sein. Der Junge war mehr als das. Allerdings verstehe ich dieses System nicht wirklich, denn dazu fehlt mir das Verständnis. Wenn doch dieses Kind scheinbar sehr intelligent sein sollte, warum fördert man so

etwas nicht? Oder sieht zu, dass die Kinder, die schon um einiges weiter sind, in eine Vorschule gehen könnten. Das Problem dessen ist, das nur Kinder in eine Vorschule kommen, die eben noch nicht so weit sind, also noch nicht einmal richtig bis zehn zählen können. Da fehlt für mich eine Lücke in diesem System. Denn wird so ein Kind nicht gefordert und kommt so irgendwann eher auf eine schiefe Bahn.

Soweit ich zurück denken kann, hatte ich meinen eigenen Kopf. Das tollste an meiner Kindheit, wie ich es heute empfinde, waren meine Oma, mein Hund und die Umgebung in der ich aufwuchs. Nämlich mitten in der Pampa, direkt am Waldrand. Hört sich im ersten Moment auch ein wenig traurig an, dass ich nicht meine Familie erwähnt habe, aber dazu komm ich später noch.

Bereits als Kind fühlte ich mich als Außenseiter. Ich meditierte bereits im Alter von acht Jahren das erste Mal.

Damals hieß es zu mir, soviel wie: ,,Lass den Scheiß oder spinnst du".

Heute weiß ich, dass ich hätte weiter machen sollen, aber natürlich hört man irgendwie auf dritte oder so. Denn meditieren ist etwas Wunderbares. Du lernst auf deinen Körper zu hören, findest innere Ruhe und kommst dem, was du im Leben brauchst, sehr nahe.

Machst du das heute auch so?

Ist dir die Meinung von anderen wichtiger als deine Eigene?

Meine persönliche Meinung dazu ist, je nachdem was es ist, hole ich mir gerne eine zweite Meinung ein. Entweder von einer Freundin oder meinem Mann. Dadurch kann man tatsächlich auch eine andere Sichtweise zu gewissen Dingen bekommen. Die Entscheidung treffe ich dann zu guter Letzt immer selbst.

Wir treffen jeden Tag Entscheidungen   und diese bestimmen wohin die Reise geht. Achte mal darauf.

Du machst morgens die Augen auf, das ist die erste Entscheidung. Du stehst auf, ist die zweite Entscheidung. Du könntest dich genauso wieder umdrehen um weiter zu schlafen. Aber da klingelt der Wecker, die Blase drückt, das Kind schreit oder ruft, der Hund muss raus usw.

Dann entscheide ich, wie ich mich fühle. Mache ich mir einen Kaffee oder einen Tee. So ziehen sich die Entscheidungen den ganzen Tag.

Probiere es aus:

Du wachst auf und bist erst einmal dankbar, dass du aufwachen durftest.

Setzt dich auf und streck dich erstmal und lächle.

Spüre während dessen jede einzelne Stelle deines Körpers, atme bewusst tief ein und wieder aus.

Beginne den Tag mit Dankbarkeit und Achtsamkeit.

Du wirst feststellen, es tut unendlich gut, das zu fühlen, was du dabei fühlst.

Es gibt ein schönes Zitat:

**Achte auf die kleinen Dinge im Leben,
sie könnten die wundervollsten sein.**
Und jeder einzelne von uns ist einzigartig und
wundervoll!

So zurück zu meiner Geschichte :)
Meine Oma war eine der stärksten Frauen, die ich
kannte und sie war auch mein Vorbild, meine
Freundin und meine Seelenverwandte.
Sie hatte ein herzliches Lachen, war mega
schlagfertig und arbeitete noch bis sie etwa Mitte 70
Jahre alt war. Für mich gefühlt tatsächlich länger.
Diese Frau war eine Kämpfer Natur und hatte es
total verstanden dankbar zu sein, für das was sie
hatte. Das lag an ihrem überaus großen Herzen und
wahrscheinlich daran dass sie 1925 geboren wurde.
Sie hatte viele harte Zeiten durchlebt und nicht nur
durch den Krieg.
Meinen Opa, also ihren Ehemann, lernte ich gar
nicht kennen. Der starb bereits als meine Mutter
zwölf war. Meine Oma war aber auch davor allein
Versorger. Mein Opa war meistens Monate lang
verschwunden und tauchte irgendwann einmal auf.
Meine Tante erzählte mir irgendwann, dass mein
Opa einen Mann mit nach Hause brachte und
meine Oma sogar das Schlafzimmer für ihn und

seinen Freund räumen musste. Sie hat immer hart gearbeitet, hat es aber total verstanden, das Leben zu genießen. Allerdings hatte sie sich immer mehr um andere gekümmert, als um sich selbst. Sie gab einfach von Herzen gerne.
Von ihr habe ich viel gelernt, später auch viele Ratschläge bekommen. Als sie später kopfmäßig und körperlich nicht mehr so konnte, war ich so für sie da, wie ich eben konnte. Noch heute, nachdem sie 2020 verstorben war, denke ich täglich an sie. An ihr Lachen und ihren Humor. Sie war eine unglaublich tolle Frau, ich liebe sie heute immer noch und vermisse sie natürlich.

Na gut, weiter im Text.
Hätte ich mit 20 schon das Verständnis gehabt, wie jetzt mit Ende 30, würde ich natürlich andere Entscheidungen treffen. Aber würde man wirklich alles anders machen? Wahrscheinlich nein.
Denn du kommst immer an einen Punkt, an dem du deine Richtung wählen musst. Erst wenn du den Weg gehst, siehst du ob es passt. Bei mir hatte es definitiv oft nicht gepasst. Und so traf ich einige unkluge Entscheidung.
Es flossen unzählige Tränen, der Bauch tat unzähligem Mal weh und es gab sehr viele unruhige Nächte. Aber das ist das, was es im Leben ausmacht. Man schätzt die Dinge auch ganz anders, wenn man sie einmal gar nicht hatte.

In der Schule angekommen, wollte ich bereits in der, ich glaube 2.Klasse einfach mal nach Hause gehen. Meine damalige Klassenlehrerin hielt mich auf und natürlich rief diese meine Mutter an. Aber jetzt mal ganz ehrlich. Du wirst da einfach in ein System gesteckt und keiner frägt dich ob du bereit dafür bist. Das spiegelt sich allerdings im späteren Leben wieder.

Falls du Kinder hast, dann frag dich doch mal, wie du dich selbst gefühlt hast. Egal in welcher Situation. Fühlt in dich hinein und denkt mal nicht zu sehr wie ein Erwachsener.

Na jedenfalls habe ich nicht mehr einfach das Schulgelände verlassen, denn es gab Zuhause mächtigen Ärger.

Und Schwups war ich in der 8. Klasse angekommen, fing ich an zu schwänzen. Naja das fiel irgendwann auf und ich habe tatsächlich noch die Kurve bekommen um einen guten Abschluss zu machen.

Kennst du das Gefühl, dich nicht verstanden zu fühlen?

Mit Sicherheit hat das jeder schon mal erlebt. Ja auch ich und zwar zu genüge. Nicht weil ich mich nicht ausdrücken konnte, sondern weil der Gegenüber eine komplett andere Auffassung hatte, was ich gesprochen hatte oder sprach ich doch hinter indisch.

Das geht mir heute immer noch so. Und woran liegt

das?
Es ist ganz einfach zu erklären, wie ich das empfinde. Jeder hat seine Erfahrungen, seine Sichtweise, demnach auch seine Überzeugungen und seinen eigenen Verstand. So weit, so gut.
Es gibt aber Dinge, die gehen weit darüber hinaus. Das ist dann aber auch Intuition. Du erahnst und fühlst zum Beispiel etwas, was dir nicht gut tut. Das ist deine Sichtweise und Empfindung.
Auf jedem Fall kannst du von deinem Gegenüber nicht automatisch erwarten, dass er dich versteht. Da spielen viele Faktoren eine Rolle. Die Selbstentwicklung spielt eine große Rolle dabei.
Du liest zum Beispiel ein Buch und ein bis zwei Jahre, dasselbe noch einmal und verstehst es plötzlich ganz anders. So ist das mit der Entwicklung.
Du musst dafür nicht studiert haben, diese Dinge gibt es nicht auf einer Uni zu lernen.
Gibt es Themen, die du nicht verarbeitet hast?
Gibt es etwas, wovor du Angst hast?
So etwas meine ich.
Mach hier mal eine kurze Pause und verinnerliche dir die Fragen.
Schreibe dir gerne Antworten auf und fühle in dich hinein.
Wenn du ein paar Antworten gefunden hast, konfrontiere dich damit.
Fühle es und lass es los.

Als ich in der 7. Klasse war, fingen mich meine
Mitschüler an zu mobben. Meine Freundin war eine
Klasse unter mir und nicht der Norm ,,deutsch" wie
sie es gerne gesehen hätten. Mir war das völlig
egal. Allerdings störte es wohl meine Mitschüler,
mich aber immer noch nicht. Die Klasse trieb es so
weit und da hatte ich lange Geduld, bis ich eines
Tages ausrastete. Ein Mitschüler hat es dann voll
abbekommen. Ich hatte so viel Adrenalin in mir, das
ich ihn sowas von verprügelte. Heute denke ich,
hätte ich die anderen auch noch verprügeln können.
Komischerweise war genau ab dem Moment das
ganze Mobbing vorbei.
Leider ist es heut zu Tage noch viel extremer, als zu
meiner Zeit. Nicht jeder ist in der Lage sich selbst
zu helfen. Das fängt heut zu Tage schon in der
Grundschule an, via Handy und so.
Haltet Augen und Ohren immer offen.
Durch einen Bekannten habe ich erfahren, dass es
bei deren Tochter tatsächlich von der 1. klasse ab
schon war, bis hin zur 4. Klasse. Cybermobbing
nennt man das, also in dem Fall war es tatsächlich
Whats app.
Die Klasse hatte eine Gruppe über das Mädchen
gemacht und sie hinzugefügt und sie wurde extrem
beleidigt und beschimpft. Heut zu tage ist man
scheinbar schon arm, wenn man nur in einer
Wohnung lebt und nicht in einem Haus. So sehen

das junge Kinder schon, was echt erschreckend ist.
Na auf jedem Fall wurde es dank der Eltern, über
den Schuldirektor geklärt. Die betreffenden Eltern
deren Schüler beteiligt waren, haben eine Anzeige
erhalten.
Es ist nicht immer einfach anders zu sein, aber es
ist auch etwas Einzigartiges und ganz Besonderes.
Es gibt einen wunderbaren Spruch:
**Behandle andere so,**
**wie du selbst gerne behandelt werden möchtest.**

Danach sollte man sich wirklich mal richten.
Allerdings braucht man sich nicht erniedrigen oder
demütigen lassen! Das geht überhaupt nicht und
dagegen soll man sich auch wehren.


Nachdem ich mit fünfzehn meinen
Hauptschulabschluss machte, war mein
ursprünglicher Wunsch, eine Ausbildung zur
Pferdewirtin zu machen. Tada ich war zu jung. Erst
mit 18 Jahren wäre es möglich gewesen. Die
nächste Wahl war nun Tierarzthelferin, aber auch
dafür war ich ein Jahr zu jung.
Ich sag`s dir, das war nicht einfach. Von meinem
Elternhaus gab es keine Option, noch ein Jahr die
Schule zu besuchen und auf deren Tasche zu
liegen. ,,Du musst eine Ausbildung anfangen und
dein eigenes Geld verdienen" so ihre Device.

Daraufhin entschied ich mich eine Ausbildung als Friseurin zu machen, ist ja ähnlich.
Außerdem ist das doch easy, weil man ja als Friseurin nicht viel wissen muss. Von wegen! Weder Haare schneiden, noch andere Tätigkeiten waren von Anfang an einfach. Aber das Schlimmste war die Berufsschule. Schulisch war es inhaltlich sehr ähnlich, wie bei einer Krankenschwester. Von Hautschichten, bis Muskulatur. Wofür das alles gut ist? Gute Frage, nächste Frage. Wenn du vielleicht noch in die Kosmetikbranche gehst, macht das Sinn. Hab ich aber nicht gemacht.
Für die Menschen, die denken Hauptschule ist nix wert. Was ist es denn dann? Erstmal ist es zumindest ein Abschluss. Was du später aus deiner beruflichen Laufbahn machst, ist ja weitläufig. Zumindest habe ich das gemacht, indem ich zur Meisterschule gegangen bin.
Eine Freundin kam auf mich zu und meinte sie meldet sich an, ob ich auch möchte. Ohne groß zu überlegen, hab ich ja gesagt.
Aber um Himmels Willen, da musst ja schon wieder büffeln. Fazit, am Ende hatte ich meinen Meistertitel und meinen technischen Fachwirt.
Später ging ich für drei Jahre in die Schweiz, weil man da ja so gut verdient. Ja wenn du in der Schweiz arbeitest, in Frankreich lebst und in Deutschland einkaufen gehst, dann ist das super. Das tat ich.

Die Anforderungen waren allerdings groß und ich hatte nur 20 Urlaubstage im Jahr.
Also landete ich dort in einem Beauty Salon. Von Haarverlängerung, natürlich das komplette Friseurprogramm, über Gel Nägel bis hin zum Hyaloron Unterspritzen. Dort hab ich alles gesehen, was man normal nur im Fernsehen sieht.
Aufgespritzte Lippen, aber was für Schlauchboote. Eine Dame, die vergesse ich nie, hatte sogar Silikon im Po. Den musste sie allerdings erstmal sortieren, damit sie sich hinsetzten konnte. Ich musste mich oft nach hinten in den Aufenthaltsraum verziehen, da ich ein sehr fröhlicher Mensch bin und bei manchen Anblicken einfach lachen musste.
Die Zeit dort hat mich einiges gelehrt. Nicht nur fachlich, sondern auch mental. Wir waren vier Frauen und ein junger Mann, mein Lehrling. Um ihn in der Schweiz ausbilden zu dürfen, musste ich fünf Tage einen Kurs belegen. Schweiz gehört nun mal nicht zur EU.
Der Kurs war witzig. An einem Tag ging es um Kommunikation. Wir sollten zu zweit Rücken an Rücken sitzen und ein Tier malen. Ich bin absolut nicht begabt, was das angeht. Wir sollten einen Elefanten malen.
Als das Ergebnis an der Tafel aufgehängt wurde, bekam ich einen absoluten Lachflash. Es war sowas von furchtbar, dieses Ergebnis.
Stell dir folgendes vor:

Der Typ hatte die Vorderseite gemalt, es sah echt
gut aus und auch wie ein Elefant. Meine Rückseite
sah aus wie eine Mischung aus Pferd,
Hängebauchschwein und Elefant. Es war zum
kaputt lachen. Daran erinnere ich mich sehr gerne.
Aber eines fand ich sehr erschreckend. Ich hatte
noch nie so viele Menschen mit Burnout und
Depressionen getroffen, wie dort. Menschen die
einfach nur noch funktionieren und Tabletten wie
Kaugummi aßen um ihre Gefühle zu unterdrücken.
Nach drei Jahren in der Schweiz, ging mein Alter
nun Richtung 30 Jahre. Was sollte ich tun, fragte ich
mich selbst. Wo will ich leben und was möchte ich
erreichen.
Ich wollte zurück in meine Region, wo ich her kam.
Es war nur 80 km weiter weg von der Schweiz, aber
es ist hier anders.
Mir war bewusst, dass ich nicht mehr so viel
verdienen würde, aber ich wollte endlich
ankommen. Bin ich aber tatsächlich noch lange
nicht, es wurde zu einer Katastrophe.
Ich hatte einige Beziehungen und als ich wieder
zurückzog, das war meine schlimmste Erfahrung.
Der Mann machte mir das Leben zur Hölle in
jeglichen Hinsichten.
Es heißt nicht ohne Grund: Wer nicht hören will,
muss fühlen.
Meine Freundin warnte mich, aber ich dachte, es
gibt doch in jedem Menschen etwas Gutes und

jeder kann sich ändern. Nein, nicht jeder und es gibt
leider Menschen, die mehr Schein als Sein sind.
Der Mann wollte mich unbedingt schwängern,
kontrollierte mich überall, zog mir mein Geld aus der
Tasche und zu guter Letzt, würgte er mich bei
einem Streit und bedrohte mich mit einem Messer.
Er sorgte dafür, dass ich meinen Job und alles
verlor.
Mit viel Köpfchen bin ich aus der Sache mit ihm
wieder raus gekommen. Aber diese Zeit hat mich
geprägt.
Ich fing von ganz vorne an. Es dauerte eine Weile,
aber ich schaffte es, einen neuen Job zu
bekommen und eine Wohnung. Anfangs hatte ich
nach Abzügen meiner Fixkosten, knappe einhundert
Euro zum Leben. Aber es ging.
Wenn man einmal an einem Punkt angekommen
ist, an dem man kaum etwas hat, dann lernt man
die Dinge zu schätzen und wird minimalistischer.
Ich habe gelernt dankbarer zu sein, für all die Dinge
in meinem Leben.
Ja so hab ich mich wieder nach oben gearbeitet und
heute, na so weit sind wir hier noch nicht, das ich
das verrate. Da fehlt ja dann die Spannung.
Einer der größten Wendepunkte für mich persönlich
passierte für mich 2014.
Genau an Weihnachten 2014 bekam ich auf der
Fahrt nach Hause, mitten auf der Autobahn aus
dem Nichts, eine Panikattacke. Mir wurde

schwindlig, ich hatte ein Pfeifen in den Ohren, mein
Herz fing an zu rasen und ich bekam extreme
Panik. Mir ist nix passiert, aber ich hatte danach
noch mehr Angst, es könnte passieren.
Das häufte sich tatsächlich, aber immer beim
Autofahren.
Es ging so weit, das ich ärztlichen Rat aufsuchte.
Die Ärzte untersuchten alles an mir, behielten mich
drei Tage in der Klinik und sagten mir dann, dass
ich es höchst wahrscheinlich am Herzen hätte. Geil
dachte ich, herzlichen Glückwunsch. Da fühlt man
sich doch gleich noch beschissener.
Nach der Diagnose war ich ein paar Tage später bei
meiner tollen und langjährigen Freundin. Das ist
eine Power Frau sag ich dir. Sie arbeitet seit
gefühlten hundert Jahren im Esoterikbereich, legt
Karten und gibt Seminare. Sie weiß so vieles und
sieht so vieles, was du noch nicht mal erzählen
musst. Sie weiß es einfach.
Für viele die sowas nicht kennen, erst mal etwas
gruslig oder beängstigend, aber auch sehr
faszinierend.
Nun erzählte ich ihr, was die Ärzte gesagt hatten.
Sie ging darauf gar nicht so wirklich ein, sondern
sagte ganz trocken: Du hast es nicht am Herzen.
Jetzt muss ich dabei erwähnen, die Seminare die
sie gibt, darin geht es um systemische
Aufstellungen. Zur Erklärung:
Jeder Mensch hat sein System in das er geboren

wurde. Da spielt die Familie eine große Rolle. Wo ist dein Platz in der Familie und stehst du da richtig und so weiter. Eigene Instanzen, die zu dir gehören, wie Selbstliebe, Selbstbewusstsein, Selbstwert und unzählige Dinge mehr. Und ich sag euch eines: Karma gibt es wirklich. Es sind Verstrickungen aus einem anderen Leben. Du kannst dir aber in diesem Leben, schlechtes Karma aufladen, das geht.
Woher denkst du, hat man Déjà-vus?
Bedeutet so viel wie: Schon einmal erlebt.
Meine Freundin repräsentierte mir eine Simulationsaufstellung, um mir zu zeigen, dass ich es mit Sicherheit nicht am Herz hatte. Das öffnete mir die Augen.
Also besuchte ich 2015 mein erstes Seminar und meine Panikattacke ist weg.
Es geht darum, dass du wirklich selbst zu dir ehrlich bist und dass du auch wirklich etwas verändern möchtest.
Ich war auf weiten Seminaren und es war einerseits spannend, aber auch schmerzlich, mental gesehen.
Eine Erfahrung teile ich mit euch:
Ich habe mir dadurch meinen Selbstwert zurückgeholt.
An dieser Stelle: Danke von ganzem Herzen Carmen.

Als ich 13 Jahre alt war, war ich ständig bei meinem Pflegepferd. Als ich an einem schönen Sommertag dort fertig war, dachte ich, ich fahr jetzt mal in eine andere Richtung, als gleich nach Hause. So fuhr ich kurz am Schwimmbad vorbei und wollte sehen, ob jemand da ist, um kurz zu quatschen. Als ich die Treppe zum Schwimmbad hoch lief, kam mein Vater plötzlich mit dem Auto vor gefahren, sprang raus und auf mich zu. Er war so voller Wut und schlug auf mich ein, ich wehrte mit meinen Händen meinen Kopf ab und saß auf dem Boden. Es kam kein Mensch auf die Idee mir zu helfen. Er sah mich danach an und sagte ich solle sofort nach Hause fahren. Das tat ich auch. Das einzige was ich zu ihm Zuhause sagt und zwar richtig intensiv: Ich hasse dich. Wenn du mich noch einmal so anfasst, zeige ich dich an.

Er hat mich tatsächlich nie wieder angerührt, allerdings machten das mein Schmerz und meine Wut nicht besser.

Ich fing an, einen Kampf gegen mich selbst zu führen. Ich begann mir den Finger in den Hals zu stecken, weil ich das was ich im Spiegel sah, abscheulich fand. Und ich war nie dick, sondern normal schlank.

Ich hatte leider auch in dem Alter einmal den Impuls, mir das Leben zu nehmen. Ich suchte im Schrank, indem die Medikamente waren eine Packung Tabletten und nahm diese mit in die Schule. Irgendwann nahm ich sie alle ein. Es waren einige Tabletten die ich schluckte und zu meinem

Glück, waren es Erkältungstabletten. Ich musste mich dermaßen übergeben und mein Körper hatte ordentlich zu kämpfen. Da rüttelte mich das Leben erstmal wieder wach und darüber bin ich sehr dankbar. Ich glaube, dass ich das bis heute niemandem erzählt hatte, aber irgendwann holt einen die Vergangenheit ein um solche Dinge zu verarbeiten. Das ist sehr wichtig, die Dinge zu verarbeiten, denn irgendwann kommen sie hoch und dann leider doppelt und dreifach. Ich verzeihe mir selbst, dass ich so hart zu mir selbst war und bin überaus dankbar, aus meinen Erfahrungen gelernt zu haben.
Mit 13 war die Magersucht eine Phase, aber mit 16 Jahren war es dann wirklich eine Krankheit. Bei einer Körpergröße von 1,63m und einem minimal Gewicht von 38 Kg war das der Gipfel meiner Magersucht.
Meine Mutter rüttelte mich damals wach. ,, Willst du tot sein oder leben?"
Das war ihre Aussage. Heute bin ich ihr immer noch sehr dankbar dafür. Ich entschied mich natürlich für mein Leben!
Daraus habe ich gelernt, egal was andere über dich sagen, es ist scheiß egal. Du darfst dein Leben so leben wie du es möchtest und gesund sein. Das ist es, was zählt.
Tatsächlich hat mir das Ereignis mit meinem Vater, meinen Selbstwert genommen. Durch das Seminar

habe ich mir meinen Wert zurückgeholt.
Niemand hat das Recht dir deine Werte weg zu
nehmen! Niemand!
Du musst leider bereit sein den Schmerz intensiv
noch einmal zu spüren, um ihn loslassen zu
können. Aber es befreit dich unheimlich.
Wenn du dich unwohl in deinem Körper fühlst, frage
dich, woran das liegt.
Was fehlt dir? Was möchtest du ändern? Oder
möchtest du überhaupt etwas ändern? Was kannst
du tun, damit es dir besser geht? Was kann ich tun,
das ich glücklich bin?
Es liegt alles an dir. Du bist deines eigenen Glückes
Schmied.
Es geht um dich selbst und um sonst niemanden.
Wenn dir das nicht gefällt, es du da im Spiegelbild
siehst, dann zu dir etwas Gutes. Nicht jeder Tag ist
gleich, aber wir bestimmen für uns selbst, ob er gut
wird oder weniger gut.
Du bist wunderbar, wie du bist! Lass dir niemals
etwas anderes sagen!
Nehm zum Beispiel ein warmes Bad und entspanne
dich oder trinke einen Tee, Kaffee oder wonach dir
auch immer ist. Alles egal, aber tu dir etwas Gutes.
Finde für dich eine eigene Zeit, nur für dich alleine,
das wird dann deine   ,,ME TIME"
Eine Stunde am Tag, nur für dich. Vielleicht auch
erstmal dreißig Minuten, dann eine Stunde. Du
bestimmst es für dich selbst.

Wenn du nur am Jammern bist und selbst nichts
dafür tust, außer zu jammern, dann hör auf damit.
Ändere etwas oder akzeptiere es, wie es ist. Ganz
einfach.
Das wichtigste für Dich ist zu wissen:

**DU BIST GUT GENUG!**

Wenn ich dich fragen würde, was du alles liebst, wie
lange würde es brauchen, bis du dich selbst nennst.
Das ist unheimlich wichtig, die Liebe zu dir selbst.
Das wichtigste was du in deinem Leben hast, bist
du!
Weil du es wert bist!
Du bist es wert, geliebt zu werden und zu lieben.
Du bist es wert, dir alles zu erlauben, was du dir
vorstellen kannst.
Du bist das wertvollste was es gibt!


So da lebte ich nun, nachdem ich mich wieder
aufgerafft hatte, mit Job, Finanzen und mental.
Ich lernte einen neuen Mann kennen und naja wenn
man keine Lust hat, packt es einen dann. Mit ihm
zog ich dann zusammen und es war alles in
Ordnung und harmonisch, fast drei Jahre. Bis ich
eines Nachts einen sehr intensiven und realen
Traum hatte. Ich träumte schwanger zu sein und

zwar mit Zwillingen. Ich spürte diese Babys in meinem Bauch, wie sie sich bewegten und ich fasste liebevoll an meinen Bauch. Danach ging mir der Traum nicht aus dem Kopf.

Dazu muss ich betonen, dass weder ich noch mein damaliger Freund je Kinder wollten.

Diese Nacht änderte sich für mich alles. Dieses Gefühl ließ mich im Wachzustand einfach nicht mehr los.

Natürlich musste ich es meiner Freundin per Sprachnachricht erzählen. Diese meinte nur, dass ich wohl doch den Wunsch nach Nachwuchs hätte. Und ehrlich, sie hatte sowas von Recht.

Am Abend nach der Arbeit, als ich nach Hause kam, berichtete ich diese Nachricht freudenstrahlend meinem Freund. Seine Reaktion traf mich, wie ein Stich in Herz. Wir reden hier von einem riesigen Schmerz. Der Gesichtsausdruck mir gegenüber war eine Mischung aus Entsetzten und extremen Ekel. Das einzige Kommentar von ihm war, er gehe jetzt ins Bett. Das war der Anfang vom Ende.

Er war LKW Fahrer und somit ständig unterwegs. Er war die ganze Woche über weg, was schön für ihn war, aber ich wollte das geklärt haben. Nach drei Tagen telefonierten wir in meiner Pause und er schrie mir einfach ins Ohr. Die genauen Worte weiß ich nicht mehr, aber der Inhalt hat mich zutiefst verletzt. Irgendwas mit dem er auf keinen Fall

Kinder möchte, weder mit mir, noch mit irgendwem und vieles mehr.

Als ich aus meiner Pause kam, kam mir erstmal meine Freundin entgegen und sah mir an, wie scheiße es mir ging. Da stand ich, mitten im Laden und heulte, weil ich so verletzt war. Tatsächlich bin ich noch ein paar Monate bei ihm geblieben, aber nur weil ich dachte, er ändert sich noch. Zumindest hatte er mir das versprochen, aber natürlich ist nix passiert. Er hatte mich auch zutiefst mit seinen Worten verletzt, da war nichts mehr mit Liebe, absolut gar nichts. Als wir getrennt waren, lernte ich sein wahres ich kennen. Er beschimpfte mich und hielt mir Sachen vor, die er mir in der Beziehung gegeben hätte. Natürlich ging es um finanzielle Dinge. Ich habe ihn letztendlich blockiert und seither nur noch einmal gesehen, im vorbei laufen. Schade so etwas, aber Vergangenheit ist hinter mir, nicht vor mir. Ich bin fein damit.

Im Nachhinein bin ich auch froh, dass ich mich getrennt hatte. So konnte ich meinen Ehemann kennen lernen und kam beruflich und mental viel weiter.

Bevor das aber so weit war, war ich im Facebook auf so na Singleseite. Da lernte ich einen Typ kenne, der etwas weiter weg wohnte. Also trafen wir uns eines Abends in der Mitte unserer Wege. Gingen etwas essen und danach etwas trinken. Während wir da saßen und uns unterhielten, sagte

er plötzlich: ,, Du hast aber auch schon ordentlich Falten unter den Augen ." Meine Antwort war recht Schlagfertig: ,, Hast du schon jemals in den Spiegel gesehen "?
Das Kommentar hatte gesessen und das Thema war hiermit beendet.
Er erzählte mir, was seine angebetete Frau alles haben solle und was auf keinen Fall. Idealerweise bitte immer sexy Unterwäsche, Strapsen und bloß keine kuschligen Socken oder etwa irgendwas mit Disney Figuren drauf oder sowas.
Rate mal, wer sich nie wieder gesehen hat, genau ich und der Typ.
Tatsächlich blieben wir noch in Kontakt und schnell entpuppte sich der Typ zu einer Katastrophe. Der wollte dass ich zu ihm ziehe, am besten sofort. Er verlor seinen Job und machte mich verantwortlich. Und wer bitte tätowiert sich über seinem Intimbereich mit Pfeil nach unten: ,,Kein Trinkwasser ".
Ok soll sich jeder das machen lassen, was er möchte, aber zu seinem Charakter hat es ja gepasst. Leider eine absolute Katastrophe, aber ohne mich.
Wenn ich mich darauf eingelassen hätte, hätte ich aus meinen Erfahrungen wieder nichts gelernt. Zum Glück habe ich auf meine Intuition gehört.
Danach hatte ich wirklich erstmal die Nase gestrichen voll. Doch nach ein paar Wochen, dachte

ich, ach komm, eine Single Seite geht noch.
Ich stellte mich mit Foto vor und kam mir wie auf
einem Basar vor. Wahnsinnig diese Kommentare
der Männer. Nach ein paar Tagen entdeckte ich
diesen Mann. Wow, was für ein hübscher Mann.
Diese Augen, dieses Lächeln, genial. Ich las mir die
Kommentare durch, die unter seinem Bild
kommentiert wurden und entschloss mich, ein like
unter sein Foto zu setzten, mehr nicht. Mein
Gedanke war, das ich bei so einem hübschen Mann
bestimmt keine Chance hätte. Und in seinen Augen
sah ich, dass er bereits auch schon einiges
durchgemacht hatte.
Und siehe da, zwei Tage später schrieb er mich an.
Nachdem wir zwei Wochen miteinander
geschrieben hatten, trafen wir uns dann endlich. Wir
liefen einen Pfad,, der Engelsweg " genannt wurde
und wirklich wunderschön war. Der Weg besteht
aus lauter geschnitzten Engeln aus Holz, die
wunderschön sind. Das war am 5. Januar 2020.
Wenn du mal in Freiburg im Breisgau bist, mach
dich schlau, ob es im Glottertal an diesem Tag so
etwas stattfindet. Es ist wunderschön gemacht.
Wir entdeckten schnell, dass wir die gleichen
Interessen hatten, wie Sport, Hunde, Lust am
Leben, beide einige schlechte Erfahrungen
gemacht. Naja irgendwann fuhren wir dann noch zu
ihm, machten uns Pizza und dann war es auch
schon um uns beide geschehen. Anfangs wollte ich

etwas Abstand wahre, aufgrund schlechter Erfahrungen. Doch das hielt nicht lange an, denn wie ein Magnet zog es uns beide an. Nach fast genau einem Jahr, zogen wir dann zusammen. Aber was nach zehn Monaten passierte, konnte ich kaum fassen. Er machte mir an Halloween einen Heiratsantrag. Meine Freundin half ihm natürlich. Es war perfekt, einfach wunderschön. Natürlich sagte ich JA. Das Jahr darauf heirateten wir. Halloween ist nicht nur eine Tradition aus Amerika. Es ist die Nacht, in der die verstorbene geliebten Menschen am nächsten sind. So hatte ich auch das Gefühl, das meine Oma anwesend war und sich mit mir freute.

Man denkt, dass die erste große Liebe sehr intensiv ist. Ehrlich gesagt, wenn man weiß was man möchte und einiges durchlebt hat und sich gegenseitig akzeptiert wie man ist, ist es ganz anders. Persönlich finde ich es ganz anders, viel intensiver. Da spielt meiner Meinung nach, die Erfahrung auch eine enorme Rolle.

Da waren wir nun, frisch verheiratet.

Und was ändert sich nun? Rein gar nichts, außer meinen Nachnamen. Für einige, wie ich schon beobachtet und mitbekommen habe, ist es eine enorme Veränderung. Sie denken, sie haben ihr Ziel erreicht. Aber eine Ehe zu führen oder eine Beziehung, ist etwas, an dem man arbeiten muss. Für mich persönlich ist eine der wichtigsten Dinge

die Kommunikation. Egal ob es angenehme
Themen sind oder nicht. Es ist das A und O in einer
Beziehung. Ich bin nun mal eine Persönlichkeit, die
das Kind ganz deutlich beim Namen nennt, also
nichts um den heißen Brei redet. Das kann ab und
an auch sehr anstrengend sein, aber so weiß man
doch genau, woran man ist.

Ich lernte durch meine persönliche
Weiterentwicklung alte Muster zu durchbrechen.
Wie das gehen soll?
Dinge die mich bedrückt haben, frei zu lassen, sind
gar nicht so einfach, aber niemals unmöglich.
Wo ein Wille, da ist auch ein Weg.
Angefangen mit meiner Panikattacke, zu Dingen
auch nein zu sagen ohne ein schlechtes Gewissen
zu haben, bis hin zu: ES INTERESSIERT MICH
NICHT, WAS ANDERE VON MIR DENKEN.
Wichtig dabei finde ich auch, andere nicht zu
bewerten. Also keine Vorurteile.
Ich lerne die Menschen kennen und wenn es dann
harmonisiert, ist es schön. Wenn nicht, dann ist es
ebenso.
Meine Oma sagte schon immer, dass man nicht
viele Freunde braucht, sondern die richtigen. Sie
hatte wieder mal Recht, aber sowas von.

Nach unserer Hochzeit, entfernten sich einige Leute
von uns. Es waren zirka um die vierzig Gäste. Die

Familie meines Mannes und „ Freunde" von uns.
Danach hatte ich das Gefühl, nach dem Motto: „
Ach jetzt sind die beiden ja versorgt, dann braucht
man sich ja nicht mehr so melden. Hä ganz ehrlich,
was für ein Blödsinn.
Wenn mir doch jemand wichtig ist, frag ich doch
einfach mal nach, wie es Demjenigen geht oder
nicht?
Nach und nach, brach ich einfach zu einigen den
Kontakt ab und es fehlt mir überhaupt nicht. Ich
wollte mir auch nicht ständig dieses Gejammer
anhören, wie anstrengend ihr Leben doch sei und
wie stressig. Ein Pärchen war verheiratet, hatte
frischen Nachwuchs, ein Haus gekauft und war nur
am Jammern. Also alles was man sich wünschen
kann.   Aber diese Beschwerden waren immer
dieselben. Da ich gelernt habe, lösungsorientiert zu
handeln und zu denken, passt das einfach nicht
mehr zu mir. Darauf hab ich keine Lust mehr und
meine Zeit ist mir dafür zu schade.
Ich möchte mich mit Menschen umgeben, die mir
nicht gefühlt sämtliche Zeit und Energie rauben.
Wenn es richtige Freunde sind, hört man auch
gerne zu. Und bei Gott, es gibt so viele schlimme
Krankheiten auf dieser Welt, da würde ich es
verstehen, wenn man sich beklagt.
Was ist mit dir? Jammerst du auch? Oder denkst du
um?
Es fühlt sich doch nur noch schlimmer an, wenn du

jammerst. Oder?

Es ist doch viel schöner eine Lösung zu finden oder Dinge aus einer anderen Sicht zu erkennen.

Ah und übrigens, das Nein sagen, ohne schlechtes Gewissen, kann man erlernen.

Du wirst wegen irgendwas gefragt und dann quasi überredet. Es ist nun mal einfacher Ja zu sagen, anstatt nein. Weil das Nein, ein so hartes Wort ist. Jeder hat ein Nein zu akzeptieren und es bedarf keinerlei Erklärung. Nein, ist ein kompletter Satz. Es ist deine Überzeugung.

Bei einem Kind, ja da ist Erklärung notwendig, denn es muss ja lernen warum es etwas zum Beispiel nicht darf.

Probiere es aus, wie es sich anfühlt, voller Überzeugung nein zu sagen. Es ist ein tolles Gefühl. Anfangs komisch, aber es geht ja um deine Überzeugung und deinen Willen. Dabei bleibst du dir selbst treu und es kommt der Punkt, da fühlt es sich super an. Traue dich!

Du hast dich bestimmt schon gefragt, was mit meiner Familie ist. Also so viel ist klar, die waren alle nicht auf meiner Hochzeit. Ich wollte es nicht und es besteht schon länger keinen Kontakt zu ihnen. Und ja es tut mir sehr gut.

Meine Eltern heirateten damals nicht aus Liebe, sondern weil meine Mutter schwanger war.

Daraufhin kamen später drei weitere Kinder und das

beste zum Schluss, nämlich ich. Ich war quasi der letzte Unfall und ursprünglich absolut nicht gewollt. Aber hey, hier bin ich und ich bin überaus dankbar dafür.

Als meine Mutter mit meiner zweitältesten Schwester schwanger war, stellte mein Vater ihr seine Freundin vor. Das ist echt krass, aber entspricht leider der Wahrheit. Als ich zwölf Jahre alt war, erfuhr ich, dass mein Vater eine Freundin hatte. Daraufhin erzählte ich es meiner Mutter. Es bewahrheitete sich, indem meine Eltern uns alle an einen Tisch setzten und mein Vater dies gestand. Meine Mutter blieb damals nur, weil meine zweitälteste Schwester noch mitten in der Ausbildung steckte und schwanger wurde. So wurde ich das erste Mal mit vierzehn Tante. Er war so ein riesen Goldschatz. Meine Mutter passte überwiegend das erste Jahr auf ihn auf und ich half ihr dabei, denn meine Schwester beendete die Ausbildung.

Meine Schwester zog nach dem Jahr mit ihrem damaligen Mann zusammen und vier Jahre später, kam meine Nichte zur Welt.

Als ich 16 Jahre alt war, ließen sich meine Eltern scheiden. Ich brach den Kontakt zu meinem Vater damals komplett ab, nachdem er mir nur Schuldzuweisungen gab. Es gab eines Morgens einen heftigen Streit zwischen ihm und mir. Ich weiß bis heute nicht, was ich getan habe. Er meinte

damals, ich hätte meiner Mutter Unterlagen
zugesteckt für ihren Anwalt. Ich hatte mich da
immer raus gehalten und es hatte mich auch gar
nicht interessiert.
Dazu muss ich erwähnen. Ich entschied mich bei
dem Auszug meiner Mutter, bei meinem Vater im
Elternhaus zu bleiben. Allerding übernahm ich die
Aufgaben meiner Mutter. Ich ging meiner
Ausbildung nach und danach putzte ich das Haus,
Kochte für uns, also auch für meinen Bruder und
machte Wäsche und das ganze was dazu gehört.
Das zog ich fast ein Jahr lang durch. Das war sehr
anstrengend, aber ich tat es. Eines Abends als ich
nach Hause kam, brach für mich ein wenig die Welt
zusammen. Dazu muss ich erwähnen, als ich ein
Jahr alt war, holten meine Eltern uns einen Hund.
Ihr Name war Eika, sie war eine Schweizer Sennen
Hündin. Sie war meine beste Freundin, ging nur ins
Auto, wenn ich sie rief und hat mich seelisch und
mental immer unterstützt. An diesem Abend kam
ich nach Hause und meine Eika war nicht mehr da.
Mein Vater und mein Bruder sagten, dass wir reden
müssten. Es wäre wohl besser gewesen mir nichts
zu sagen, aber sie wurde eingeschläfert, da sie
große Herzprobleme hatte. Sie hatten mich
absichtlich nichts gesagt, damit ich mich weiterhin
auf meine Ausbildung konzentrieren konnte.
Ehrlich gesagt fand ich das abartig. Ich hätte mich
sehr gerne verabschiedet. Meine treue Begleiterin

war einfach weg und ich konnte ihr nicht mal zur Seite stehen und mich verabschieden. Ändern konnte ich es nicht mehr und ich war sehr lange sauer auf beide. Ich sprach viel mit ihr, weil ich einfach das Gefühl hatte, sie würde mich trösten. Heute erinnere ich mich sehr gerne an sie und verstehe das mit dem Herzproblem, wenn es dann auch der Wahrheit entsprach. Sie wurde immerhin vierzehn Jahre alt und hatte ein entspanntes Leben. Ein Jahr später, nachdem ich den Kontakt zu meinem Vater abgebrochen hatte, meldete er sich bei mir und wir versuchten es noch einmal. Ich dachte er hätte sich eventuell geändert. Leider nein. Dazu kam, das er eine neue Freundin hatte, die ich nicht leiden konnte, aber ich bemühte mich. Naja die Kinder dieser neuen Freundin, wurden bevorzugter behandelt, als wir selbst, die eigenen. Das verletzte mich sehr und ich brach den Kontakt komplett ab. Seither hatte ich nichts mehr gehört oder gesehen. Bis auf einmal sein 60er Geburtstag ran rückte. Da meldete er sich über Facebook, zuerst bei zwei meiner Geschwister. Er lud uns im ernsthaft zum 60. Geburtstag ein. Wir vier Kinder kommunizierten darüber ich sagte sofort die Meinung dazu: „ Ich werde dort auf keinen Fall hin gehen. Er hat sich sonst auch nicht um uns bemüht und jetzt wird er sechzig und will einen auf heile Familie machen. Ohne mich! Und das ist mein letztes Wort dazu.

Das Thema war hiermit erledigt. Meiner Meinung nach hätten die anderen gehen können, aber ich wollte nicht.

Etwa eine oder zwei Wochen später, stellte ich fest, dass mir mein Vater auch über Facebook geschrieben hatte. Ich überlegte eine ganze Weile und dachte mir irgendwann, dass er eine Antwort verdient hätte.

Ich schrieb:

**Hallo Papa**

**Schade dass du jahrelang gebraucht hast, dich bei mir zu melden. Zwischen uns beiden ist sehr viel passiert und du hast mich körperlich, sowie mental, sehr verletzt. Ich werde garantiert auch nicht anlässlich deines Geburtstags so tun, als wäre alles in Ordnung. Du hast dich die letzten Jahre nicht für uns Kinder interessiert und jetzt soll plötzlich alles wieder in Ordnung sein. Das ist für mich absolut nicht verständlich. Du hast mich bisher auch nicht in deinem Leben gebraucht, was auch absolut in Ordnung für mich ist. Du hattest deine Chance, als ich 16 Jahre alt war. Du hast lieber deine Freundin und deren Kinder vorgezogen, was für uns Kinder absolut verletzend war. Es hat dich nicht interessiert und ich weiß aber auch, dass du es nicht anders kannst.**

**Ich brauche dich in meinem Leben nicht, denn**

**ich bin eine starke unabhängige Frau.
Und ich verzeihe dir alles, was du mir angetan
hast.
Ich wünsche dir alles Gute für dein restliches
Leben.
Leb wohl
Valerie**

Ich habe natürlich nie eine Antwort erhalten, aber ehrlich gesagt, wollte ich auch keine. Etwa zwei Wochen später, war ich spazieren, in der Nähe seines Wohnortes. Da kam er mit seiner neuen Freundin inklusive seinem Hund entgegen. Mein Abstand war nicht riesig. Er sah mich, erkannte mich offensichtlich und sah auf den Boden und tat so, als ob der Hund ungehorsam sei. Was dieser absolut nicht war, denn diese tollen Wesen spüren jede Emotion. Ich lief einfach weiter und ab diesem Tag habe ich ihn nie wieder gesehen.

Nun zu meinen Geschwistern:
Der Kontakt besteht heut überhaupt nicht, worum ich nicht einmal trauere. Ich war stets bemüht alle zusammen zu halten, aber irgendwann hatte ich keine Lust mehr darauf, meine Energie dafür zu verschwenden. Das kommunizierte ich auch ganz klar. Wenn bei mir mal etwas nicht so rund lief und das kam häufiger vor, durfte ich mir Vorwürfe

anhören. Und irgendwie hatte ich das Gefühl, das
sie sich darüber freuten, wenn es mir nicht so gut
geht. Dieses Gefühl bestätigte sich allerdings
irgendwann. Im Nachhinein reflektiert man die
Dinge immer ganz anders, aber klarer.
Das Leben läuft nun mal bergauf und bergab und es
gibt leider keine Anleitung dafür.
Manchmal oder oft musst du nun einfach tief in der
Scheiße hängen, damit du wieder aufwachst. Und
leider musst du da durch, aber es ist auch gut so,
sonst lernst du nie dazu. Wenn du es nicht lernst,
wiederholst du es so lange, bis du es verstanden
hast. Da kann ich dir wirklich ein Lied davon singen.
Fazit für mich war, das ich nicht einfach nur
funktionieren wollte, wie es andere gerne gehabt
hätten und es allen Recht machen. Da hab ich den
wichtigsten Part nämlich vergessen, mich selbst!
Du musste es in erster Linie dir selbst recht machen
und sonst niemand anderem.
Meine älteste Schwester beschimpfte mich damals,
weil ich über Facebook von meiner Oma deren
Bruder gesucht hatte. Sie brach daraufhin den
Kontakt ab.
Meine andere Schwester brach den Kontakt ab, weil
ich etwas im Facebook verkaufte, was sie mir
geschenkt hatte. Ich bot ihr an, das Teil zu holen.
Das wollte sie auch nicht. Irgendwann bekam ich
über Instagram ein Foto von ihr und ihrem Hund
und fragte sie, was sie wolle. Die Antwort war: NIX.

Ich fragte nach, warum sie mir dann nach all den
Jahren schreiben würde. Sie meinte, ich solle
erwachsen werden. Ich muss heute noch über diese
Antwort lachen.
Und mein Bruder löschte einfach meine Nummer.
Ehrlich gesagt, ist alles gut gelaufen, wie es ist. Und
nicht immer ist Blut dicker als Wasser.
Natürlich ist es schön, wenn es in der Familie passt
und die Liebe ehrlich und aufrichtig ist. In meiner ist
es leider nicht so, aber ich freue mich von Herzen,
wenn es bei anderen Familien so ist. Ich bin damit
fein und akzeptiere es so, wie es ist. Ich wünsche
auch meinen Geschwistern nur das Beste und alles
Gute für ihr Leben.
Zu guter Letzt meine Mutter:
An für sich war unsere Beziehung recht gut. Ich zog
auch zu ihr, als sich meine Eltern trennten. Durch
die Trennung erlitt sie Depressionen und ich hing
mit sechzehn in einer Magersucht fest. Angesichts
dessen, denke ich heute, dass wir uns in dieser Zeit
ein Stückchen gegenseitig geholfen haben.
Allerdings begann ich nach Jahren, als ich natürlich
schon länger nicht mehr Zuhause wohnte, Dinge
konkret anzusprechen und zwar so, wie ich sie auch
empfand. Da ging es immer mehr auseinander.
Der größte Aufwachpunkt und Schwachpunkt bei
mir war die Situationen, als es um meine Oma ging.
Sie kam ins Altersheim, weil sie sich eben nicht
mehr selbst versorgen konnte. Ich konnte es leider

ändern, sonst hätte ich das gerne getan. Meine Oma war Dialysepatientin und hatte nur noch eine Niere.
Natürlich war meine Mutter zu sehr damit belastet, was ich auch da verstanden habe. Nur kam der Punkt an dem sie anfing Dinge über meine Oma zu belächeln. Ich sah das anders, denn sie hatte wirklich Schmerzen am ganzen Körper. Denn interessanter Weiße, hatte meine Oma bei mir, sehr oft klare Momente und erzählte mir einiges, was ich wohl nicht wissen sollte. Und Irgendwann sagte ich zu meiner Mutter:,, ob ich das später auch mit ihr so machen sollte". Ich meinte natürlich dieses belächeln, nicht ernst genommen werden und sie leiden lassen.
Ab da fand der Kontakt nur noch sehr selten über Whats app statt und nur noch sporadisch wegen meiner Oma.
Später fand ich heraus, dass meine Mutter mich ursprünglich abtreiben wollte. Meine Oma hatte es verhindert und dafür bin ich ihr heute noch sehr dankbar.
Meine Mutter sagte einmal zu mir: ,, Ich habe dir das Leben geschenkt, ich kann es dir genauso wieder nehmen."   Im Nachhinein glaube ich wirklich dass sie es ein Stück weit wirklich so gemeint hat. Trotzdem bin ich hier und dankbar dafür. Jeder von uns ist ein Geschenk und ein Wunder. Lass dir niemals etwas anderes sagen.

Auch du bereicherst viele Leben, egal wie. Du bist
wichtig!
An einem Tag bekam ich eine Nachricht, dass die
Dialyse abgesetzt wird. Mir war klar, was das
bedeutete und so fuhr ich zu meiner Oma um sie
das letzte Mal zu sehen.
Da saß ich, sie schlief tief und fest, aber sie gab mir
ihre Hand. Ich streichelte ihre Hand, sprach mit ihr
und genoss die Zeit, die ich mit ihr noch verbringen
durfte. Zum Abschied ehrte ich sie mit einem dicken
Kuss auf die Stirn.
Drei Tage später fühlte ich mich so befremdet.
Irgendetwas passierte in mir und ich ahnte es
schon. An diesem Abend bekam ich die Nachricht,
dass meine Oma eingeschlafen ist. Allerdings
bekam ich erst die Nachricht von einem damaligen
Kollegen. Ich rief im Altersheim an und sie sagten
mir, dass sie eingeschlafen wäre.
Für mich brach meine komplette Welt zusammen.
Erst später Abend, schrieb mir meine Mutter die
Nachricht, die ich schon längst erhalten hatte.
Ich wusste, dass meine Oma nun endlich nicht
mehr leiden musste und keine Schmerzen mehr
hatte. Aber es war so schlimm für mich, dass ich
zwei Wochen nicht arbeiten konnte. Da kam in mir
einfach alles hoch. Ich bekam erstmal eine Angina
und danach einen Hexenschuss. Ich sag dir, die
schießen auf die eigenen Leute, diese Hexen
( lach ). Am Tag der Beerdigung, ging`s wieder.

Unterstützend kam mein Mann, mein bester Freund und der Ex Freund meiner zweiten ältesten Schwester mit. Sie wollten sich auch verabschieden, denn sie kannten meine Oma.
Da kamen wir in der Halle an und in der vordersten Reihe saßen meine Geschwister und meine Mutter. Nein ich habe mich nicht dazu gesetzt. Am Grab, als die Urne herunter gelassen wurde, wollte meine Schwester keinen Platz machen. Ich hätte ihr am liebsten einen Schubs gegeben, was ich nicht gemacht habe. Ich bäumte mich auf und sie ging freiwillig einen Schritt zur Seite. Nach der Beerdigung sind wir gegangen und ich habe keinen von denen je wieder gesehen. Mir wurde nur berichtet, dass ich wohl meine Bodyguards dabei gehabt hätte. Das konnte nur von meinem Bruder kommen, was auch so war. Es waren allerdings Menschen, die Abschied nehmen wollten und mich unterstützt hatten. Darüber hatte er wohl nie nachgedacht, was ich sehr schade finde. Aber es ist nicht mein Problem.
Ich habe mir sehr lange danach Vorwürfe gemacht, warum ich nicht in der Lage war, meiner Oma zu helfen. Ich musste es akzeptieren, das ich leider nicht in der Position war. Ich war auch drei Jahre danach noch sehr im Trauer, bis mir meine Yoga Fee die Augen öffnete und mir sagte, das meine Oma das bestimmt nicht wollen würde, das ich immer noch so in Trauer um sie lebte und das sie

auf mich aufpassen würde. Da wurde mir klar, dass ich ja immer wieder mit ihr sprach und ich hatte immer das Gefühl, sie wäre anwesend. Und das ist sie auch. Unsere Ahnen wachen über uns und das ist wundervoll. Du kannst, wenn du eine gewisse Herausforderung hast, deine Ahnen um Hilfe bitten. Du bekommst plötzlich Intensionen, wo du nicht damit gerechnet hast. Die Ahnen waren davor an einem ähnlichen Problem angekommen und konnten es nicht ändern. Vielleicht bist du der Mensch, in deiner Ahnenlinie, der solche Dinge lösen kann. Wenn dich dein Gefühl jetzt dazu auffordert, mit den Ahnen Kontakt aufzunehmen, dann mach das. Meditiere zum Beispiel und bitte die Ahnen dich zu kontaktieren. Aber gebe dir selbst Zeit, es klappt offensichtlich nicht, wenn du dich darauf versteifst.

Du kannst dir nicht aussuchen ob deine Familie fähig ist zu lieben oder nicht. Wenn sich jemand selbst nicht einmal liebt, ist es nahezu ziemlich unmöglich dir Liebe weiter zu geben. So sehe ich das. Allerdings gibt es natürlich auch viele Mütter und Väter, die ihre Kinder mehr als sich selbst lieben und sich dabei selbst vergessen.
Wenn du dich in Selbstliebe üben möchtest, gibt es einige Möglichkeiten. Achte mehr auf dich, deinen Körper und höre tief hinein. Sei lieb zu dir selbst, so wie du es bei anderen, die du liebst, auch machen

würdest.
Eine wundervolle Übung gibt es hier.
Stell dich jeden Morgen und oder Abend vor den
Spiegel und sag folgendes:


**Ich liebe Dich!**
**Ich liebe Dich genauso wie du bist!**
**Mit all deinen Fehler und all deinen guten**
**Seiten.**
**Ich liebe Dich einfach, weil ich dich liebe.**
**Und es ist gut, das Du hier bist, auf dieser Erde.**
**Du bereicherst das Leben von so vielen**
**Menschen,**
**weil Du DU bist!**
**Du musst nichts tun um dir meine Liebe zu**
**verdienen,**
**ich schenke sie dir einfach so – das ist meine**
**Natur!**
**Ich bin Liebe!**
**Und wenn du tief in Dich schaust, dann weißt**
**Du, diese Liebe ist in Dir!**
**Sie war schon immer in Dir.**
*Wenn Du nun das ,,Du" und ,,Dich" mit ,,Ich" und*
*,,mich" ersetzt, spürst Du die wahre Liebe in deinem*
*Herzen.*

Und wie würde meine Yoga Fee jetzt sagen
,,Freund der Sonne", wie geht es Dir?
Wie fühlst du dich, wenn du dies hier liest?
Fühl mal ganz tief in dich hinein. Wiederhole es, so
oft du möchtest.
Meine Erfahrung damit, als ich das zum ersten Mal
gelesen habe, war Wärme und ein unglaublich
schönes Gefühl von völliger Liebe. Dieses Gefühl
brachte mich zum Weinen, aber nicht vor
Traurigkeit, sondern weil es ein so tolles Gefühl war
und immer noch ist. Es ist dein Geburtsrecht, dich
selbst zu lieben.
Es ist ein Geschenk, denn Du bist ein Geschenk.
Zu meiner Yoga Fee kommen wir auch gleich, aber
da muss ich von vorne anfangen.
Im Laufe meiner Friseur Karriere hatte ich
irgendwann die Nase sowas von gestrichen voll.
Dieses rumgezicke in den Salons.
Ausschlaggebend dafür war, dass ich in einem
Salon landete, indem drei weiter Damen arbeiteten.
Die Chefin dieser Geschäfte hatte zwei Filialen, in
diesem war sie nicht anwesend. Sie wollte frischen
Wind rein bringen und da kam ich genau richtig,
ihrer Meinung nach. Die Leitung empfing mich mit
einem herzlichen Willkommen und einem Strauß
Blumen. Das hielt aber nicht lange an, sag ich dir.
Zwei der Damen, unter anderem die Leitung, waren
Anfang fünfzig, die eine Mitte zwanzig. Ja das war
früher schon so, vor zwanzig Jahren und so bleibt

das auch, war wohl ihr Motto. Da kommt ein fröhlicher, offener Mensch, wie ich, die gerne laut lacht und einfach so ist wie sie ist, absolut ungelegen.

An einem Morgen kam die Leitung auf mich zu und meinet wir müssen uns unterhalten. Sie meinte, ich wäre zu laut, würde zu viel durch den Laden laufen und den noch einiges mehr. Ich erwiderte, dass mir bewusst sei, dass sie mich nicht leiden können und mich los haben wollen. Ihre Antwort: ,,Ja das ist so, aber das ist ja unser Problem".

Da bin ich etwas ausfällig geworden und sagte : ,,Kein Wunder das eure Männer Zuhause depressiv sind". Danach bin ich aufgestanden und hab nur noch kalt gesagt: ,,Wir sind hier jetzt fertig".

Die Damen gaben sich alle Mühe mich nicht mehr ans Telefon zu lassen, was absoluter Kindergarten war. So ging ich am nächsten Tag zum Arzt und ließ mich krankschreiben. Kurz darauf schickte mir die Chefin die Kündigung.

Eine Woche später hatte ich Geburtstag und sie schrieb mir eine Whats app und entschuldigte sich. Sie ließ durchsickern, dass die Leitung sie wohl unter Druck gesetzt hatte, entweder sie oder ich. Da diese schon zwölf Jahre da war, musste ich wohl gehen. War mir ehrlich gesagt wirklich recht.

Jahre später bin ich der Chefin wieder begegnet. Sie ist eine sehr liebe Frau und hat mich zur Begrüßung erstmal gedrückt. Sie ließ das Thema

nochmal aufkommen und meinte, ach so lange es
läuft, lass ich den Laden offen und rechtfertigte sich
für die Salonleitung. Ich sagte ihr, dass sie die
Menschen nicht ändern könne und es doch immer
besser kommt, als man denkt. Ich glaube, ich habe
sie dadurch sehr beruhigt. Persönlich habe ich es
ihr nie krumm genommen und habe auch mit der
Salonleitung meinen Frieden gefunden. Ich
wünsche ihr inneren Frieden.
Man wünscht niemandem etwas schlechtes. Im
Leben kommt alles wieder zurück. Die Liebe kommt
zu dir irgendwie zurück. Die Freude kommt zu dir
zurück. Alles was du aussendest, kommt zu dir
zurück.

So kam es das ich im Verkauf landete. Zuerst in
einem Unternehmen, indem ich dachte, das ist alles
easy. Von wegen. Die erste Schicht fing um sechs
Uhr morgens an und endete um sechzehn Uhr am
Nachmittag. Die längste ging von sechs Uhr
morgens bis sechs Uhr abends. Bevor ich dort
anfing, meldete ich ein Kleingewerbe als mobile
Friseurmeisterin und Lebensberaterin an.
Es blieb aber keine Zeit, für irgendetwas davon. Da
saß ich dann wieder bei meinem Arzt und dieses
Mal fing ich an zu weinen, aber bitterlich. Er holte
mich da erstmal mit einer Krankmeldung da raus.
Durch eine Freundin landete ich in einem anderen
Unternehmen, aber auch in der gleichen Branche.

Dort lief alles strukturierter, zumindest das erste
Jahr.
Und wie es das Schicksal dann gut gemeint hast,
kam ein ehemaliger Arbeitskollege auf mich zu und
meinte, er wolle ein Friseurgeschäft übernehmen,
ob ich ihn unterstützen würde. Gesagt und getan.
Seither bin ich dort und mein Kleingewerbe läuft
trotzdem noch gut.
Nun zur Lebensberatung. Ich lege Karten am
Telefon, dank meiner Freundin und meinem Willen.
Eines kann ich euch aber nicht sagen, wie um alles
in der Welt ich das tatsächlich gelernt habe. Aber
meiner Meinung nach hörst du auf deine Intuition,
schaust genau hin und versteifst dich nicht. Aller
Anfang ist schwer, wenn man etwas tut, was man
nicht gelernt hat. Heute läuft es, da ich gelernt
habe, an mich zu glauben und mir selbst zu
vertrauen.

Das Thema Manifestieren ist auch so ein Fall für
sich.
Wenn du an Dinge denkst, die du auf gar keinen
Fall möchtest, bekommst du genau diese. Wenn du
es dir aber genau vorstellen kannst und es fühlen
kannst, dann kommt es zu dir.
Mein Mann und ich wollten aus unserer
Dachgeschoss Wohnung raus, da wir uns einen
Hund holen wollten und der derzeitige Vermieter
das nicht erlaubte. Meine Vorstellung war:

Erdgeschoss, schöner Balkon, Helle Wohnung, Flur
in der Mitte, mit Zugang zu allen Zimmern.
Wir suchten eine Weile, fanden nette Wohnungen,
aber nicht das was wir wollten.
Eines Morgens saß ich am Handy und sah im
Facebook in einer Gruppe ein Inserat, was sich
meines Erachtens gut anhörte. Also Kommentierte
ich unter diesen Post.
Für einen ganz kurzen Moment dachte ich, dass
uns ja auch mal jemand eine Wohnung vorschlagen
könnte. Aber den Gedanke verwarf ich mit, ach so
ein Blödsinn.
Das Universum kennt das Wort „Nein" und „Nicht"
einfach nicht.
So saßen wir am Abend mit einem Bekannten am
Küchentisch und der forderte uns kurz auf etwas am
Handy zu schauen. Da sah ich, dass ich über
Facebook eine Nachricht hatte. Uns wurde
tatsächlich eine Wohnung angeboten. Eine Frau
hatte mein Kommentar unter dem Poste gesehen.
Nachdem sie auf meinem Profil war und empfand,
das wir sympathisch aussehen, schrieb sie mich an.
Da schaute ich auf und sagte sehr freudig: „Uns
wurde soeben eine Wohnung angeboten".
Die Blicke waren super. Total verdutzt und verblüfft,
also einmalig. Zwei Tagen später war die
Besichtigung und ich dachte ich fall um. Dazu muss
ich sagen, ich habe ab und an Wahrträume. In der
Nacht, bevor wir die Wohnung angeboten

bekommen hatten, träumte ich eine Treppe, in einem Haus, hoch zu laufen. Oben angekommen, kam ich in ein Zimmer, da saß ein schwarz haariges Mädchen aufm Bett und schaute mich an. Dann lief ich weiter und ein Mann kam auf mich zu. Im Hintergrund waren noch zwei weitere Kinder, deren Gesicht ich nicht genau erkannte, es war mehr verschwommen. Der Mann versuchte mir irgendwas zu sagen, aber ich konnte ihn nicht hören. Dann wachte ich auf.

Im Nachhinein habe ich den Traum verstanden. Bei der Besichtigung fanden wir heraus, dass es sich um eine Erbengemeinschaft handelte. Es sind drei Geschwister, darunter eine schwarzhaarige Frau, die mich auch angeschrieben hatte. Sie erzählten dass ihre Eltern in der Wohnung gelebt hatten. Irgendwann sah ich ein Foto des verstorbenen Vaters und erkannte den Mann aus meinem Traum wieder.

Und wie sieht die Wohnung nun aus? Genauso, wie ich sie mir manifestiert hatte. Ein größerer Flur und von da kann man in jedes Zimmer gelangen. Ein schön großer Balkon und den Garten dürfen wir mit benutzen. Also ich bin überaus dankbar dafür und freue mich jeden Tag aufs Neue. Ach ja, natürlich sind wir eingezogen, mit Hund. Das Universum und ich sind im Einklang. Das ist der absolute Hammer. Alles kommt zum richtigen Zeitpunkt zu dir. Du brauchst einfach Geduld.

Übrigens die Erziehung eines Welpen ist absolut nicht einfach und es bedarf sehr viel Geduld. Das ist ein sehr guter Lernprozess für mich, da ich nicht die geduldigste Person auf Erden bin und unsere Hündin nicht die geduldigste ist. Also üben wir uns gegenseitig in Geduld und das klappt erstaunlich gut. Sie ist wirklich eine Verrückte, aber sehr liebe und verschmuste. Wie d`Herr, so`s Gscherr sagt man bei uns. Bedeutet so viel wie die Besitzer, so der Hund.

Nun kommen wir zu meiner Yoga Fee, die ich durch meinen jetzigen Chef kennen lernte. So eine emphatische, witzige und tolle Frau. Also ich meine erste Yoga Stunde bei ihr nahm, dachte ich, haja wir machen eine Stunde Yoga. Ähm nein! Du kommst in einen Raum, der komplett geräuchert ist und zwar genau auf dich abgestimmt. Dann breitest du deine Yogamatte aus, setzt dich ihr gegenüber und sprichst erstmal. Da kommen Themen hoch, das erahnst du vorher kaum. Also auf jedem Fall ist sie Yogalehrerin und Aura Reader. Sie arbeitet mit den Chakren. Falls du nicht weißt wissen was Chakren sind: Energiezentren in unserem Körper. Es gibt für jedes Chakra auch die entsprechende Farbe, wie zum Beispiel: Die Farbe Grün für das Herz Chakra.
Du sitzt da also und lässt Dinge, die dich bedrücken los und machst dementsprechend nach einiger Zeit,

die passenden Yogaübungen dazu. Und die sind anstrengender, als sie aussehen. Aber teilweise auch mega witzig, wenn sie Kommentare dazu sagt wie einmal: „Und jetzt lässt du alles los, pflopp". Und das mehrfach hinter einander. Da sollst du dich auf die Atmung und deine Übung konzentrieren und sie sagt „pflopp". Sehr erfrischend und witzig. Zu guter Letzt machst du noch eine Meditation. Ein wunderschönes Gefühl. Sie schreibt diese Meditationen selbst, die wunderschön verpackt sind. Sie hat mir auch schon einige Tipps gegeben und tatsächlich habe ich feststellen können, dass auch ich Aura lesen kann. Danke Constanze!

Wenn dich irgendwas im Leben bremsen sollte, schau dir alle Richtungen genauer an. Es gibt immer eine Lösung dafür. Oftmals muss du erst einen längen Lernprozess durchlaufen, bis du wirklich so weit bist.
Du wirst in deinem Leben immer wieder an Herausforderungen kommen, an einen Punkt, an dem du dich Fragst, ob du das so möchtest. Ich habe sehr viele Bücher gelesen. Am meisten inspiriert hat mich „Das Café` am Rande der Welt" von John Streckley. Es geht um den Sinn des Lebens. Dazu gibt es noch drei weitere Bücher, die ich natürlich alle gelesen habe. Dann hatte ich noch ein inserierendes Buch „Das Leben ist zu kurz für später" von Alexandra Reinwarth. Sie berichtet über

ein Experiment. Was ist wenn du nur noch ein Jahr
zu leben hättest. Es geht nicht darum, die Sau raus
zu lassen und das ganze Geld raus zu schmeißen.
Es geht um tiefgründige Dinge, wie zum Beispiel:
Ob es sich wirklich lohnt über jede Kleinigkeit
aufzuregen. Nein es lohnt sich nicht, weil du dafür
deine Energie einfach verschwendest. Oder
würdest du jeden Tag, diesen einen Job machen,
obwohl er so furchtbar ist. Gibt es nicht eine andere
Möglichkeit?
Meistens weil wir zu viel Angst vor dem ungewissen
haben.
Ich sag euch jetzt mal was: Scheiß auf die Angst!
Die macht dich nämlich kleiner als du bist. Wenn du
wirklich aus der Angst, rein in den Mut gehst,
erkennst du, was du alles kannst. Die Grenzen setzt
du dir nur selbst. Es gibt ein wundervolles Zitat vom
kleinen Prinzen:


**„ Man sieht nur mit dem Herzen gut,
das wesentliche ist für das Auge unsichtbar."**


Es bedeutet einfach, das du auf dein Herz hören
sollst. Dein Herz schlug bereits, bevor der Verstand
einsetzte und das ist Tatsache.
Ich dachte früher oft, dass Spiritualität etwas mit
Hexerei zu tun hat. Aus meiner Erfahrung, ist es ein
sehr weitläufiger und großer Begriff. Alles Beginnt
mit dem Glauben. Der Glaube an Dich selbst!

An was möchtest du denn Glauben? Nenn es Gott,
Engel, das Universum oder oder. Das ist schon mal
die Voraussetzung, an irgendwas zu glauben.
Woher kommt denn ein gutes oder schlechtes
Gefühl? Genau von dir selbst. Wobei man von
außen auch sehr viel beeinflusst werden kann.
Du kannst dich als entscheiden, ob du dich mit
positiven oder negativen Menschen umgibst.
Menschen die immer jammern und sich ständig nur
beklagen, brauche ich nicht mehr. Die beklagen
sich über Dinge, anstatt eine Lösung zu finden.
Anders ist es natürlich wenn du wirklich eine
Krankheit hast. Eine sehr gute langjährige Freundin
bekam vor ein paar Jahren die Diagnose
Brustkrebs. Und nein sie beschwerte sich absolut
gar nicht. So eine starke Frau, die wenn sie nicht
mehr kann, immer noch weiter macht. Das ist
wirklich krass, was ich bei ihr mitbekommen habe.
Nachdem sie den Krebs besiegt hatte, wollte sie
natürlich ihre Weiblichkeit zurück. Da ging es von
vorne los mit OP`s. Die hatte Schmerzen ohne
Ende, aber immer noch Humor. Ich frage mich echt
ganz oft, was ein Mensch aushalten kann. Zuerst
meine Oma und jetzt sie. Da brauch echt keiner
über ein bisschen Rückenschmerzen, Schnupfen
oder sonstiges klagen.
Naja ich selbst würde mich als recht positiver
Mensch bezeichnen, allerdings gibt es bei mir auch
Regentage. Und auch mir geht es ab und zu nicht

so gut, aber sehr selten und im Gegensatz zu anderen, glücklicherweise nur ein leichter Schnupfen oder mal eine Grippe. Das ist absolut nichts Dramatisches.


Nicht jeder Tag ist gleich, aber mach das Beste daraus. Das beste Beispiel ist mein Hund, denn dem ist es völlig egal, wie ich aussehe. Falls du einen Hund hast, beobachte ihn mal genau. Wenn nicht, geh raus und beobachte dort. Das wichtigste für einen Hund, ist sein Herz zu verschenken, also seine Liebe zu geben. Meine Hündin lebt im hier und jetzt und freut sich über die kleinsten Dinge. Sie kuschelt gerne, spielt gerne und freut sich einfach ihres Lebens. Warum können wir das nicht? Beziehungsweise viele haben es einfach verlernt. Denn als Kind geht das noch alles. Wir Menschen wollen immer noch mehr und mehr. Aber hierbei geht es um materielle Dinge. Es geht überhaupt nicht um Gesten und wenn doch, sind diese meistens mit Erwartungen verknüpft. Ich gebe dir etwas und bin in einer absoluten Erwartungshaltung. Warum ist das so? Warum haben wir Erwartungen? Warum geben wir nicht gerne ohne etwas dafür zu wollen?
Es sind nicht alle Menschen so, aber sehr viele und das ist sehr traurig.
Ich bringe zum Beispiel gerne Blumen mit. Meine

Belohnung dafür sind die leuchtenden Augen, das Lächeln und diese Freude darüber, von dem, dem ich sie schenke.

Ich brauche natürlich ein Zuhause mit Möbel und so weiter, aber kein Gucci oder Prada.

Eines Tages stand ich da, ohne Wohnung, ohne Job und hatte kaum Geld. Das einige was ich hatte, war mein kleines Auto. Ich hatte zum Glück Hilfe und kam bei damaligen Freunden unter. Nach vier Wochen hatte ich endlich wieder einen Job und etwa zwei Monate später eine Wohnung.

Sehr viel Geld blieb mir für Essen, von meinem Lohn   leider nicht übrig. Aber dann isst man eben nur Nudeln mit Soße, Hauptsache ich bin satt geworden. Im Leben sollte man dankbar sein, für alles was man hat. Für jeden Moment, den man erleben darf. Für jeden Menschen, dem man begegnet und der einem gut tut. Aber auch für die Menschen die es weniger gut mit uns gemeint haben. Denn sie haben uns etwas gelehrt.

Das ist der erste Schlüssel zum Glück, Dankbarkeit! Nach ein paar Jahren war ich dann auch schuldenfrei. Ich lernte meine Lernaufgabe und dafür bin ich sehr dankbar.

Im Leben geht es darum, das du in erster Linie gesund bist, glücklich mit dir selbst bist und das Leben lebst, wie du es dir vorstellst. Setzt dir Ziele, geh deinen Weg, auch in kleinen Schritten. Von einfach, war nie die Rede. Denn dafür lernen wir jeden Tag täglich dazu. Höre auf dein Herz, auf deine Intuition.

Wenn wir Entscheidungen treffen, spüren wir genau, was sich gut anfühlt und was nicht.

An einem Tag kam ich auf die Idee mit meinem Mann ein Visionsboard zu basteln. Also jeder für sich selbst, aber trotzdem gemeinsam.

Du nimmst einen großen Karton, den bekommt man im Bastelladen. Wenn du gut malen kannst, dann malst du dir das auf, was deine Wünsche sind, die du noch erreichen möchtest. Wenn nicht, dann druckst du dir Bilder aus und beklebst das Plakat.

Es hat uns beide irrsinnigen Spaß gemacht. Und wir gehen in kleinen Schritten auf das erste Ziel zu.

Es geht nicht darum, so schnell wie möglich ans Ziel zu kommen. Denn bekanntlich ist der Weg, das Ziel. Nur so lernst du dazu und genau das bringt uns dem Ziel näher und meistens viel besser, als wir uns es erträumt haben.

Ich danke dir sehr, dass du mein Buch gelesen hast und an meiner Geschichte teilgenommen hast. Ich hoffe, ich konnte dir in manchen Beispielen, eine Unterstützung sein oder dir sogar helfen, eine andere Sichtweise zu geben.

Bitte lass die Menschen in deinem Umfeld daran teilhaben. Vielleicht hast du hier etwas entdeckt, was du dringend weiter geben möchtest oder hast durch mich, eine neue Sichtweise auf Dinge bekommen.

Es ist mir eine riesen Freude, andere Menschen zu
inserieren, ihnen Freude zubereiten und ihnen zu
helfen. Es freut mich besonders, wenn es anderen
Menschen gut geht.
Ich habe ein Tattoo seit vielen Jahren an meinem
Bein:

**Lache jeden Tag**
**Lebe jeden Moment**
**Liebe ohne Grenzen**


Zu guter Letzt ein Gedicht, ein Spruch, der mich
sehr inspiriert hat und nach dem ich mittlerweile
auch lebe:

**Ich danke allen die mich vergessen haben,**
**Sie haben mich gelehrt in Einsamkeit Kraft zu**
**schöpfen.**

**Ich danke allen, die mich belogen haben,**
**Sie haben mich den Wert der Wahrheit gelehrt.**

**Ich danke allen, die mich verletzt haben,**
**Sie haben mir meine Stärke verliehen.**

**Ich danke allen, die mein Vertrauen missbraucht**
**haben,**
**Sie haben mich achtsam werden lassen.**

**Ich danke allen, die meine Ziele belächelt haben,
Sie haben mich ehrgeiziger an Ihnen arbeiten
lassen.**

**Ich danke allen, die sich Freunde nannten und
keine waren,
Sie haben mir gezeigt, was ein Freund nie tun
sollte.**

**Aber vor allem Danke ich denen, die mich so
lieben und mögen
Wie ich bin.
Sie lehrten mich zu leben!**

Lasst diese Worte auf euch wirken. Sie entsprechen
der absoluten Wahrheit.
Und falls du Antworten auf gewisse Fragen hast
und nicht weiter kommen solltest oder dir einfach
unsicher bist, kontaktiere mich sehr gerne.
Du darfst mich gerne auf www.elementys.com
anrufen.
Ich bin Valerie Fischer, die mit dem Hund auf dem
Foto.

**<u>Was ich gelernt habe und dir gerne mit auf den</u>**

## **Weg geben möchte**

* Du bist gut genug!
* Sei ehrlich zu Dir selbst! Absolut ehrlich.
* Du bist das Beste, was Dir passieren kann.
* Dich gibt es nur einmalig auf dieser Welt und das
ist wundervoll
* Umgib dich mit Menschen die Dir gut tun und nicht
deine Kraft und Energie rauben
* Du darfst Dich lieben, denn du wirst so geliebt
genauso wie du bist
* Wenn du gefragt wirst, was du liebst, darfst du
dich sehr gerne an erster Stelle
nennen
* Du darfst Dir und deiner Intuition vollkommen
vertrauen
* Höre auf dein Herz
  Du darfst nein sagen. Das ist schon ein kompletter
Satz
* Wenn Dich jemand verändern möchte und nicht so
akzeptiert wie du bist, ist es weder Liebe noch
Freundschaft.
* Wenn Du dich verändern möchtest, dann tu es,
aber nur weil du es möchtest.
* Veränderung beginnt in Dir
* Du gönnst anderen Menschen ihr Glück und Erfolg
von Herzen
* Setzte dir Ziele, fang an den Weg zu gehen. Aber

bewege dich.
* Wenn du nach Glück suchst, fang bei dir an. Denn
das Glück steckt in dir und möchte entdeckt
werden.
* Du bist Liebe.
* Du darfst dir selbst verzeihen. Denn war
vergangen ist, ist hinter dir. Du bist im hier und jetzt.
Nicht im Gestern oder Morgen.
* Genieße jeden Moment.
* Du bist ein wundervoller Mensch.
* Sei dankbar für alles in deinem Leben
* Du darfst Komplimente geben und sie auch sehr
gerne annehmen.
* Sei gut zu dir selbst. Aber auch zu deinen
Menschen gegenüber.


.

Ich wünsche dir eine wundervolle Zeit, ganz tolle
glückliche Momente und wünsche dir von Herzen
alles Liebe.
Deine Valerie

<u>**Danksagung**</u>

Die Idee ein Buch zu schreiben, hatte ich schon
sehr lange. Die richtige Umsetzung hat mich
Constanze auf die Idee gebracht. Danke liebe
Constanze.
Danke dir liebe Carmen für deine unendlich
wertvolle Freundschaft, deine Ehrlichkeit und
einfach, das ich dich in meinem Leben haben darf.
Und danke an meinen Ehemann Fabian, der mich
bei allem was ich tue, immer unterstützt und immer
an meiner Seite steht. Ich liebe dich von ganzem
Herzen mein Schatz.
Ich danke dir, liebe Seele, dass du dieses Buch
gelesen hast und ich mit dir meine Erfahrungen
teilen durfte. Danke für Dich. Danke für Uns.
Schön das es uns gibt.
<u>Deine Valerie</u>